I am Juan

Yo soy Juan

Juan Águila Morales

EDIQUID

YO SOY JUAN
© Juan Águila Morales

Editado por: Corporación Ígneo, S.A.C.
para su sello editorial Ediquid
José Olaya 169, Ofic. 504, Miraflores. Lima, Perú
Primera edición, abril, 2025

ISBN: 978-956-6404-41-5

www.grupoigneo.com
Correo electrónico: contacto@grupoigneo.com | Teléfono: +51 955 071 270
Facebook: Grupo Ígneo | X: @editorialigneo | Instagram: @grupoigneo

Colección: Nuevas Voces

Contenido

Dedicatoria..7

Prólogo...9

Capítulo I Mi comienzo....................................11

Capítulo II El colegio (la primaria)......................13

Capítulo III De niño a joven (secundaria).................17

Capítulo IV Comienzo de los milagros......................19

Capítulo V Primer encuentro con el amor...................23

Capítulo VI La preparatoria: conocer el bien y el mal.....29

Capítulo VII Otro encuentro con dios (y conmigo mismo).... 33

Capítulo VIII Más señales de Dios.........................41

Capítulo IX Fe o locura...................................47

Capítulo X Los días más tristes...........................53

Capítulo XI Días de soledad...............................59

Dedicatoria

Dedico este libro a mis hijos, Oscar, Juan Carlos, Ivan y Jaqueline, porque quisiera que ellos sean los primeros en leer estas letras. Yo sé que conocen la mayoría de mi vida, pero hay partes que les van a sorprender, y hay otras que les van a gustar, y otras que les van a entristecer.

Con esto no quiero lastimarlos, sino que quiero que me conozcan más y que aprendan, como yo he aprendido, a encontrarse con ellos mismos, pero sobre todo a encontrar lo que muchos buscamos, en diferentes partes, en diferentes situaciones, en diferentes tiempos, y no lo hacemos, o no aceptamos que ya lo encontramos. Te preguntarás a qué me refiero. Yo te respondería fácil, pero me gustaría que lo hagas tú al leer este libro.

A mis hijos los amo, y los amo mucho. Ellos lo saben. Mis hijos me aman, y me aman mucho, yo lo sé, y no solamente lo sé, lo siento en todo mi cuerpo, lo siento en todo mi ser.

Por eso les doy las gracias por existir, pero también tengo que agradecer a su mamá por ayudarme a traerlos a este mundo; sin ella y sin la voluntad de Dios, no existirían. Gracias, hijos, por dejarme ser su papá.

Prólogo

Este libro cuenta mi historia, pero no pretende que me conozcas a fondo, ni pretende darte una catequesis, ni que te vuelvas religioso (aunque no sería una mala idea). Pretende, o tiene la intención, de que recuerdes un poco y te des cuenta de que en tu vida ha habido momentos en que no tomaste conciencia o no pusiste atención, pero ha habido muchos momentos en que Dios, o el ser supremo, o como tú lo llames, ha estado presente en ti. Y te ha hablado igual que a mí, y que cualquier tiempo es bueno para que empecemos a hacer un cambio, por pequeño que sea este cambio, o estos cambios se reflejarán en tus seres amados, en tu entorno, pero principalmente en ti.

Capítulo I

Mi comienzo

Mi historia comienza de una manera no tan brillante, tal vez de una manera más que común.

Es cierto que a veces somos y a veces no somos, es cierto que a veces vemos, pero no vemos; es cierto que a veces oímos, pero no escuchamos.

Mi vida no comienza exactamente en la fecha en que nací, porque no sé exactamente el instante en que nací. Pregunté a mi madre cómo y cuándo fue esto, y me dijo:

—Naciste en un cuarto que rentábamos. Tu primera cama fueron cartones en el piso, tus primeras ropas fueron trapos encontrados en un rincón.

Siempre pensé que mi niñez fue feliz. Veía a muchos niños jugando con juguetes, y yo no los tenía, pero pensaba: yo soy diferente.

Nací en la ciudad de Puebla, una ciudad perteneciente a la república mexicana. Para mí, Puebla es una ciudad muy hermosa, con mucha historia: la Batalla de Puebla, dirigida por el general Ignacio Zaragoza, venciendo al mejor ejército de esos tiempos. Claro, sin la ayuda de los zacapoaxtlas no lo hubiera logrado. Bueno, eso fue lo que nos contaron en la materia de historia. Los hermanos Serdán participaron activamente, previo a la Revolución Mexicana (1910), y hay más sucesos históricos, pero como no soy historiador, sé lo básico.

Bueno, pero volviendo a mi vida, quedé igual o peor que antes; no supe cuándo nací.

Todo esto pasaba cuando tenía más o menos cinco años, que es cuando siento que comienza mi vida; más atrás no recuerdo nada.

Tenía mamá, tenía papá. No recuerdo si tenía hermanos, pero creo que no.

¿Qué más podía pedir? Me sentía feliz; éramos una familia perfecta, diría yo.

Aunque considero que no existe la perfección.

Capítulo II

El colegio (la primaria)

Un poco antes de los seis años llegó la hora de ir a la escuela. ¡Qué felicidad, ir a la escuela! Conocer niños, aprender números, letras, jugar en el recreo, llevar comida, que tus papás te lleven, ser el mejor en la clase… ¡guau, qué felicidad!

Pero ¿qué es la felicidad? Lo que uno considera felicidad, tal vez para otros no lo sea…

«El niño crecía y se fortalecía, llenándose de sabiduría; y la gracia de Dios estaba sobre él» (Lc 2:40). Pero el Hijo de Dios es Dios, y desde que estaba en el vientre de su madre María ya era Dios.

Llegó un sábado. Mamá dijo:

—Ya te vas a la escuela.

—¿Hoy es día de ir a la escuela? ¿Hay clases? —pregunté. Mamá dijo con tristeza:

—Tu papá quiere que te vayas a su pueblo a estudiar. Te vas a ir a vivir a la casa de tu abuelita (la mamá de mi papá), para que acompañes a tu tía (la hermana de mi papá).

—No, mami, no me quiero separar de ti.

Entró mi papá y dijo gritando:

—¡Ya dije que te vas y te vas hoy mismo!

Yo lloraba, me agarraba de mi mami para que no se separara de mí. Mami también lloraba. Separaban a su niño de ella, le quitaban parte de ella. A mí me quitaban todo.

Llevaba casi seis años viviendo con mami; sentía que moría, sentía que se terminaba todo para mí. Me separaron, me llevaron a vivir a un pueblo de Tlaxcala. Allí empecé mi aprendizaje en la primaria, pero allí también empezó mi aprendizaje en la vida:

La abuelita nunca estaba en la casa. La casa era un cuartito de dos por tres metros; sus paredes eran palitos de la planta del maíz. Nuestra cama era de tablas sobrepuestas. No teníamos luz. El pasatiempo de la tía y mío era escuchar música en un radio antiguo y pequeño que usaba pilas. No sé de dónde o cómo le hacía la tía para ponerle pilas, si no teníamos dinero ni para comer.

Muy pocas veces comíamos comida. Nadie guisaba. Si teníamos hambre, la tía conseguía aguacates de un árbol, o moras de otro árbol que había en un huertecito, o a veces capulines. Por no comer bien, mi cuerpo iba decayendo. Era un niño flaquito, chiquito, no crecía.

Mi pasatiempo era subirme a un árbol, recostarme en una rama; allí me la pasaba por horas. Fueron mis primeros años de escuela. Lo bueno es que solo fueron tres.

Te mentiría si te dijera que fueron muy tristes, porque a todo se acostumbra uno, dice un dicho, menos a no comer.

Me regresaron a vivir con mami; casi tenía nueve años. La tía ya había terminado su primaria y ya no era necesario estar con ella.

¡Qué feliz me sentía! Estar con mami de nuevo, verla, abrazarla, besarla, amarla.

Al regresar a casa ya había dos niñas, mis hermanas. El regreso a casa fue bonito, volver a tener mi familia: mamá, papá, hermanas.

En la primera semana que llegué, me dijeron mis papás:

—Te vas a ir a vender dulces.

Yo pensé: «Bueno, es lo normal». Más o menos tendría entre ocho y nueve años.

Me pusieron una cajita de tablitas, le pusieron dulces de pepita y cacahuate, y me llevaron a venderlos al Zócalo de Puebla.

Iba a la escuela en las mañanas; al regresar a la casa ya tenían mi cajita con dulces para ir a venderlos.

Pasaron unos años. Terminé la primaria y pasé a la secundaria. Siempre era lo mismo: ir a la escuela, regresar e ir a vender dulces.

Capítulo III

De niño a joven (secundaria)

En la primaria siempre fui el más bajito de estatura; pues ahora, en secundaria, también.

Empecé a sufrir de mal de orín (infección del tracto urinario). Tenía muchas ganas de orinar, pero solo salían gotitas, y me ardía muchísimo el pene. Por las noches me orinaba en la cama.

Al levantarme, mi papá me golpeaba con un cinturón. Me decía: «Eres un asqueroso, eres un marrano, ya eres joven y no puedes ir al baño». Yo pensaba que me lo merecía por haberme orinado en la cama, pero ni siquiera me daba cuenta en qué momento me pasaba.

Los dolores empeoraban cada vez más; al orinar eran mucho más intensos. Muchas veces los dolores me hacían llorar, pero nunca me llevaron al médico. Otro día, empecé a tener un dolor a un lado del estómago. Era peor; casi no soportaba los dolores por el mal de orín, y ahora el dolor en el estómago. Para esto tenía como doce años.

Los dolores se hacían más intensos cada vez, y el mal de orín no se me quitaba. Mi mamita ponía a asar tomates verdes y me los colocaba calientitos en el vientre. Sentía rico. No sé si tendrían algún efecto para mi mal, o si sería el amor de mi mami lo que hacía que sintiera alivio.

Siempre seguía yendo a la escuela en las mañanas, y al regresar ya estaba preparada mi cajita para ir a vender dulces.

Supe de un médico cerca de la casa, a dos calles de donde vivía. Tenía unos pesitos y me fui a ver al médico. Me recibió, le dije lo que sentía, me recostó en un sillón, me revisó debajo del estómago y me dijo:

—Estás mal de tu apéndice.

Me dio medicamentos para unas semanas. Él mismo me dio los medicamentos y no me cobró nada. Me regresé contento a mi casa. Tomé mis medicamentos; se me calmaron los dolores del estómago y también del pene, pero seguía con el mal de orín.

Terminé mis medicamentos. Pasaron unas semanas y volví a tener dolores. Estaba empeorando, y como siempre, mi papá no quería que fuera al médico. Recordé que el médico al que había ido no me había cobrado, entonces fui con él. Me volvió a revisar y me dijo:

—Tu apéndice está muy inflamado, hay que operarte.

—Doctor —todavía no sabía que «doctor» es cuando ya hicieron un doctorado—, no tengo dinero.

—Dile a tus papás.

«Si le digo a mi papá, me va a dar con el cinturón; mejor me aguanto», pensé. Los dolores cada vez eran más, pero mucho más intensos.

Un día, al regresar de la escuela, estaba esperando mi autobús. De repente, me dio un dolor muy, pero muy intenso. Me agarré el estómago, sudaba mucho, me doblaba de dolor.

Se me nubló todo, sentía que me desmayaba, sentía que moriría.

Sentía que era mi fin.

Pero te darás cuenta que era el comienzo de algo maravilloso, de un encuentro con YO SOY, del comienzo de una etapa de mi vida en la que empiezo a entender el sentido de vivir.

Capítulo IV

Comienzo de los milagros

Un milagro es un acontecimiento extraordinario causado por el poder de Dios. En teología cristiana, se llama milagro a un suceso a la vez sensible y trascendente, que se produce con intervención divina y que forma parte, asimismo, de una revelación.

Yo digo que desde la unión del óvulo con el espermatozoide ya somos un milagro. ¡Qué maravilla! El óvulo fertilizado se mueve por la trompa de Falopio de la mujer hasta el útero. Luego comienza a dividirse en más y más células, formando una bola a medida que crece.

Esta bola de células (llamada blastocito) llega al útero entre tres y cuatro días después de la fertilización.

¡Qué maravilla! De esta forma existo, de esta forma existes. ¡Somos un milagro!

Volvamos a mi historia.

Fue casualidad, algunos dirían. La parada de mi autobús estaba en una calle muy importante para mí: Dieciocho Poniente esquina con Cinco de Mayo. Quienes conozcan la ciudad de Puebla verán que es una zona muy importante, pero si no, aquí te lo describo.

En la esquina de la Dieciséis Poniente y Cinco de Mayo se encuentra el templo de San Juan de Dios. En la esquina de la Dieciocho Poniente y Cinco de Mayo se encontraba San Juan de Dios, la penitenciaría, y en la contraesquina, el templo de Santa Mónica (Santa Mónica, la madre de San Agustín).

Pero en el interior del templo de Santa Mónica se encontraba, se encuentra y se encontrará «El Señor de las Maravillas» (Nuestro Señor Jesucristo en su representación de su tercera caída).

Bueno, recordarás que había quedado en que sentía que era mi fin, o sea, sentía que moriría, o sea, sentía que ya no sufriría más, que hasta allí llegué.

Pero verás que esto solo era el comienzo de mi encuentro conmigo mismo, que esto solo era el comienzo de mi encuentro con un ser maravilloso, que esto solo era el comienzo de conocer al ser que todos quisiéramos empezar a conocer.

Sin pensar más, como pude, atravesé la calle y entré al templo. No había ninguna persona, o tal vez yo no vi a ninguna persona.

Me acerqué al nicho del Señor de las Maravillas y comencé a llorar; tal vez de dolor, tal vez por ser un niño todavía, o tal vez por empezar a tener fe.

¿Qué más podía hacer? Le hablé al Señor de las Maravillas como a mi amigo, como a mi padre, como a alguien que ya conocía. No sentí que Él me respondiera, pero sí sentí que Él me escuchaba.

¿Qué tiempo tardé? Tres minutos, cinco minutos, nueve minutos, una hora, no lo sé. Solo sé que me desahogué.

Salí del templo despacito, atravesé la calle, esperé mi autobús y me fui para mi casa.

Al llegar a casa no le conté a nadie, de hecho, mi papá y mamá fallecieron. Nunca supieron de esto, me lo guarde para mí.

Pasó un día, una semana, tal vez meses. Cierto día tenía mucha gripe y volví a ir con mi amigo el médico. Me revisó, me recetó medicamentos y, de repente, me dijo:

—¡Oye! ¿No te había dicho que teníamos que operarte del apéndice? ¿Qué pasó?

Hasta ese momento no había comprendido. Me pidió que me recostara en el sillón, me revisó y me preguntó:

—¿Ningún dolor?

Luego me preguntó sobre el mal de orín. Ni siquiera me había dado cuenta que ya no lo tenía.

Me volvió a preguntar:

—¿Qué hiciste? ¿Qué tomaste?

—Nada.

Le conté lo que había pasado cuando sentía que moría y cómo entré al templo del Señor de las Maravillas a llorar.

Hasta ese momento entendí que, verdaderamente, ese Ser maravilloso sí me había escuchado.

Nunca se lo conté a mi familia.

Jamás en la vida volví a sentir esos males que tuve a esa edad.

Bueno, eso no quiere decir que no tuviera otros malestares u otros encuentros con ese Ser maravilloso. Y tal vez esos males o malestares fueron mucho más fuertes, pero los encuentros con ese Ser maravilloso fueron mucho más grandes y más hermosos.

Capítulo V

Primer encuentro con el amor

El amor, ¿cómo definirías el amor? San Pablo lo define así:

> El amor es paciente; el amor es bondadoso; el amor no
> es envidioso, ni jactancioso, ni arrogante, ni grosero. No
> insiste en su propio camino; no es irritable ni resentido;
> no se alegra del mal, sino que se alegra de la verdad. Todo
> lo soporta, todo lo cree, todo lo espera, todo lo soporta
> (1 Co 13:4-13).

El amor según la Real Academia Española:

1. Sentimiento intenso del ser humano que, partiendo de su propia insuficiencia, necesita y busca el encuentro y unión con otro ser.
2. Sentimiento hacia otra persona que naturalmente nos atrae y que, procurando reciprocidad en el deseo de unión, nos completa, alegra y da energía para convivir, comunicarnos y crear.

El amor ha sido un tema de reflexión para los filósofos desde la antigüedad. Según ellos, el amor puede ser un vínculo, un camino, una energía, una aspiración, un deseo, una virtud o una conexión con lo divino.

Aristóteles consideraba que el amor es la voluntad de querer para alguien lo que se considera bueno.

Sócrates y Platón creían que el amor es un nexo de unión con lo divino y perfecto, y que sirve para conectar lo visible y lo invisible.

San Agustín consideraba que el amor es Dios, y que cuando dos personas se aman, en realidad es Dios quien se hace presente entre ellas.

Para mí, el amor es un sentimiento muy hermoso, pleno; es algo que te llena, que penetra hasta lo más íntimo de tu ser. Sin el amor no podría vivir, porque para mí, vivir es amar y amar es vivir.

Quien diga que nunca ha amado es un mentiroso, porque desde nuestro inicio todos venimos del amor.

Hay días hermosos y días mucho más hermosos.

Más o menos a los catorce años conocí a una vecina. Solo tenía papá; su mamá había fallecido ya hacía algunos años. Su papá era policía, ¡qué miedo! Un día nos saludamos, nos quedamos viendo el uno al otro y nos metimos cada uno a su casa.

Cada vez nos conocíamos más. Pensé que nos estábamos haciendo amigos. Un día me tomó de la mano. Sentí algo muy raro, nunca había sentido una sensación igual. Yo le tenía miedo a su papá, porque era un señor imponente, con su uniforme azul y su caminar muy gallardo. También ella le tenía mucho respeto y temor a su papá, porque, tan solo si la veía platicar conmigo afuera de su casa, la regañaba muy feo, tal vez, le daría una paliza. Tenía dos hermanas menores que ella, o sea, el papá se había quedado con tres hijas: ella, de trece años, y las otras niñas menores.

Ya llevábamos de vecinos y conociéndonos más de un año. Ella entraba a la casa a platicar con mi mamá, pero solo cuando su papá se iba a trabajar. Un día me agarró la cara y me dijo: «Bésame». Nos besamos.

Fue mi primer beso. ¡Fui besado por una mujer! Fue, para mí, algo impactante, algo sobrenatural. Tal vez fue un beso muy rápido y corto, pero yo lo sentí fenomenal. Sentí que duró minutos o tal vez horas. Fue algo que nunca había sentido; era el primer beso que me daba una mujer o, tal vez, nunca me habían besado. Sí, ahora que lo recuerdo, nadie me había besado: ni mamá, ni papá, nadie.

¿Sería por eso que yo lo sentí tan hermoso? ¿O sería que Cupido me estaba flechando? Bueno, pues fue un beso y solo eso. Jamás volvió a pasar.

A pesar de que éramos vecinos y de que nos veíamos seguido, nos mandábamos cartas. Cartas muy bonitas, donde a veces no dices nada, solo pones figuritas, pero las entiendes. De repente, el papá de ella falleció en un accidente (en servicio). Se queda sin papá, sin mamá y con dos hermanas menores que ella. Ella apenas tenía catorce años.

Pasaron muchas cosas, muchos problemas. Les quitaron la pensión correspondiente, les querían quitar su casita. De hecho, les robaron las escrituras, pero varios vecinos las defendieron. Pasaron unos meses, y un día se despidió de mí. Se iba a vivir al pueblo de su mamá con sus hermanas; se iban a la casa de una tía. En su casita ya no tenían nada; les robaron sus muebles, les robaron casi todo lo que tenían.

Yo tenía menos de quince años. No podía hacer nada. Se fue y pensé que no pasaría nada.

Pero sí pasó. ¡Quedé marcado para siempre! La extrañaba mucho.

Ah, se me había pasado contarte que, cuando tenía doce años, fui al catecismo. Era hora de hacer la primera comunión y la confirmación. Fue algo fenomenal. Mi catequista se llamaba Esperanza. Aprendí el catecismo muy rápido; en quince días ya lo sabía todo. La catequista me ponía a enseñar a los demás niños. ¡Qué padre! Ya era como un maestro, a tan pequeña edad.

Llegó el día de la primera comunión. Mis papás no me compraron ropa. Un tío me dio un poquito de dinero; me alcanzó para comprarme una camisa blanca, y con el pantalón del día, o de la semana tal vez, no recuerdo bien, me fui muy emocionado a mi primera comunión. No tuve padrinos; me fui solito.

Llegué a la gran fiesta. Todos los niños estaban con sus papás, con sus padrinos, con ropas nuevas, algunos muy elegantes, de traje. ¡Guau! Qué bonito. La catequista me vio y me preguntó:

—¿Tus papás dónde están?

—No vinieron.

Pero no me importaba. Yo estaba muy emocionado. Iba a recibir el cuerpo y la sangre de Cristo. Eso, para mí, era lo máximo.

Terminó la gran fiesta. A la salida, a muchos les tomaban fotografías; a mí, nadie. Salí y regresé caminando a mi casa. En el camino me encontré a un pariente algo lejano. Me dijo:

—Me enteré de que era tu primera comunión y que te habían mandado solo. Te vine a encontrar —bueno, ya regresaba con un familiar.

Recuerdo mucho y muy bien ese día: primero, por mi primera comunión; luego, porque ese día explotó una fábrica o industria que tenía depósitos grandes. A las 13 horas del domingo 19 de junio de 1977, se oyó un sonido feo. Una fuga de gas en la fábrica de plásticos PRIMEX originó un incendio y cuatro explosiones subsecuentes, que provocaron decenas de intoxicados y lesionados por quemaduras, además de muertos y desaparecidos (datos tomados del periódico *El Sol de Puebla*).

Casi por toda la ciudad caían como copitos de nieve. Eran los residuos de la explosión. A mi camisa le cayeron varios, o muchos, de esos copitos. Al tocar la tela, se ponían puntitos negros. La camisa se echó a perder, la única prenda nueva que tuve para mi primera comunión.

Ni modo. Algo nuevo y maravilloso tenía en mi boca, en mi corazón, en todo mi cuerpo: «EL CUERPO Y LA SANGRE DE CRISTO».

Para esos días, yo ya estaba en la secundaria. Este tiempo escolar fue muy rápido y casi sin percances. Iba a la escuela, regresaba a casa. Ya tenían mi cajita con dulces para irme a vender al zócalo de la ciudad.

Te cuento que, como vendía en el zócalo, y no nos era permitido vender, nos quitaban la mercancía. Tenía que andar muy alerta. Si escuchaba que gritaban «¡vienen los inspectores!», tomaba mi cajita y corría a esconderme. Recuerdo que, alguna vez al correr, me caí con la cajita y toda la mercancía se rompió, recogí lo que pude y me puse a llorar, porque sabía que no me iría muy bien al llegar a casa.

Capítulo VI

La preparatoria: conocer el bien y el mal

El bien según la Real Academia Española:

> El bien: aquello que en sí mismo tiene el complemento de la perfección en su propio género, o lo que es objeto de la voluntad, la cual ni se mueve ni puede moverse si no por el bien, sea verdadero o aprehendido falsamente como tal.

El mal según la Real Academia Española:

> El mal: daño u ofensa que alguien recibe en su persona o hacienda.

Las palabras *bueno* y *malo* son una forma básica de hablar de valor o ética. A menudo se utilizan de diferentes maneras para hablar de cosas, personas, ideas o acciones como buenas o malas.

Los filósofos estudian muchas cuestiones sobre los conceptos de bueno y malo.

En resumen, el bien es lo que se ajusta a lo exigido o satisface valoraciones como la verdad, la justicia, el orden, la armonía, el equilibrio, la paz o la libertad, o todo lo que favorece el bienestar, ya sea en el ámbito individual o comunitario. El mal, por su parte, es todo lo contrario a lo anterior.

Como todo joven en este tiempo escolar, haces muchos amigos, aprendes a bailar, te vas de reventón. Es un tiempo escolar muy bonito. Tuve varios amigos y amigas; algunos me decepcionaron. Un amigo de este tiempo falleció cuando éramos muy cercanos. Conocí el deporte, me gustó mucho y, hasta la fecha, me encanta practicarlo.

No fui un chico muy intelectual, te confieso. Me costó mucho terminar la preparatoria, pero iba mejorando. Aprendía de la vida, de lo bueno y de lo malo. Conocí algunos profesores muy malos; seducían a las muchachas y, para pasarlas de semestre, las comprometían a tener relaciones sexuales con ellos (profesores y profesoras también). Eso me entristece, pues yo veía la vida como algo maravilloso, sin malicia.

Pero en este mundo hay personas buenas y personas malas. Cada uno elige el camino que quiere, porque se nos ha dado a elegir. A los buenos nos llaman tontos; a los malos, los llaman abusados. Creo que siempre ha sido así desde los primeros tiempos, desde Adán y Eva. Allí la abusada fue la serpiente, o Eva; el bueno fue Adán. O tal vez me equivoco, porque, ¿quién soy yo para decir «tú eres bueno» y «yo soy malo»? Todo depende de la posición en la que estés.

A veces vemos el vaso medio lleno cuando en realidad está casi vacío; unos vemos muchos colores en el arcoíris, y otros ni se detienen a verlo.

Pero qué maravilloso es vivir, y qué maravilloso será también morir. Todo tiene su etapa, todo tiene su principio y todo tiene su fin.

Me costó trabajo terminar la preparatoria, pero salí (como siempre: iba a la escuela y, al regresar, vendía lo que me pusieran en mi cajita mis papás). Era hora de la licenciatura, de la carrera, de la universidad. Era muy fácil entrar a la universidad en esos tiempos, no como ahora. Tuve cursos de orientación vocacional para elegir qué carrera estudiar. Yo quería idiomas, pero todavía no existía en la Universidad de Puebla, solo a nivel técnico. Quería estudiar Antropología, pero tampoco existía en la Universidad de Puebla; había que irse a la Ciudad de México, y pues mis papás no me iban a dar dinero.

En esos tiempos, al regresar de la escuela, ya tenían mi cajita para ir a vender dulces. Éramos muy pobres. Todavía vivíamos todos en un cuarto de cuatro por cuatro metros. Ya éramos papá, mamá, mis tres hermanas, mis dos hermanos y yo; éramos ocho y vivíamos en un cuarto. Por lo tanto, te reitero: ¿de dónde iban a sacar dinero para enviarme a estudiar a México o a otra ciudad?

En algún momento te dije que no era muy intelectual, pero, aun así, mis asesoras de orientación vocacional me dijeron: «Estudia Ingeniería Civil». Me metí a esta carrera, y desde los primeros semestres quedé impactado: mucha Matemática, mucha Física, mucho cálculo diferencial, mucho cálculo integral. Una carrera muy buena.

Pues, dando brinquitos, fui avanzando. Ya iba en sexto semestre cuando comenzamos un negocio: papá, mi hermano y yo. Nos empezó a ir bien. Seguimos trabajando y, cuando nos dimos cuenta, empezamos a tener trabajadores. En este tiempo dejé la escuela, pues nos estaba yendo muy bien con el negocio. Comencé a construir mi departamento; todo era bueno.

El negocio fue creciendo, se convirtió en un negocio familiar. Mi hermano y yo hacíamos el trabajo de campo; mis hermanas trabajaban en la oficina, y, por supuesto, papá era el jefe.

Empezamos a tener dinero y más trabajadores; aparentemente, éramos felices.

Como te das cuenta, dejé la universidad. Me dije: «En unos años regreso». Me dediqué a hacerla de gerente en el negocio familiar. Todo iba bien.

Capítulo VII

Otro encuentro con dios (y conmigo mismo)

Reencuentro con el amor

¿Qué es un encuentro con Dios?

Primero, definamos qué es un encuentro. Según la Real Academia Española:

1. Acto de coincidir en un punto dos o más cosas, a veces chocando una con otra.
2. Acto de encontrarse (dar con alguien o algo).

Significado etimológico de la palabra encuentro: Deriva del latín popular *incontra*, compuesto por el prefijo *en-*, que indica movimiento, y por *contra*, un adverbio que significa 'delante de', 'frente', 'opuesto'.

Encuentro según el significado bíblico: Jesús nos invita a todos a tener una relación personal con él. Este encuentro consiste en entrar en esta relación a través de experiencias reales y auténticas, y en reconocer su presencia en nuestra vida y en los demás.

Solo en Dios tendrás tu descanso, alma mía,
pues de él me viene mi esperanza.
Solo él es mi roca y mi salvador;
si es mi fortaleza, no he de vacilar.
En Dios están mi salvación y mi gloria, él es mi roca y mi
fuerza, en él me abrigo.

Pueblo mío, confíen siempre en él, abran su corazón delante de él, Dios es nuestro refugio.

Salmo 62:6-9

Volvamos a mi relato. Un día, no recuerdo la fecha, mi mamá había salido a la calle. Cuando regresó a la casa, me dijo:

—Juan, allí está la vecina.

—¿Cuál vecina? —pregunté.

—La de junto… —me respondió.

Mi corazón palpitó. «¿La vecina?», pensé en mis adentros. ¿La que me dio mi primer beso, mi único beso en la vida? Porque jamás volví a sentir otros labios junto a los míos (y eso que ya tenía veintiséis años). ¿La que me impactó con su boca? ¿Se acordará de mí? ¿Se acordará de ese beso? ¿Vendría por mí? ¿A verme, a besarme otra vez?

¡Alto! Estás volando demasiado, te estás emocionando mucho. Bueno, voy a volver a saludarla. Salí, me acerqué a su puerta, toqué, y nadie salió. Regresé a mi casa. Pensé: ¿Me habrá engañado mi mamá?

No sé. Pasó un día, dos días. Yo salía cada que podía, a ver si la veía.

De repente, al tercer día, salí y la vi parada en su puerta. ¡Qué emoción! Por fin la volví a ver. Habían pasado varios años, como doce años.

¿Recuerdas que te conté en algún capítulo anterior, cuando nos dimos un beso inocente y yo quedé impactado? Bueno, pues es la misma chica, mi vecina. La vi parada en su puerta, me acerqué a ella, la saludé y le pregunté:

—¿Cómo has estado? ¿Cómo te ha ido?

Ella me respondió:

—Muy bien, he estado viviendo en los Estados Unidos. Solo vine a ver mi terreno, a arreglar algunos papeles. Me dieron permiso en mi trabajo un mes para regresar.

En mi interior pensé: «Creí que venías a verme, pero no, no era así». Se despidió de mí y me dijo:

—Al rato voy al pueblo a ver a mi hermana, y regreso en unos dos o tres días.

Le dije:

—¿Podemos platicar?

Ella respondió:

—Está bien, cuando regrese toco tu puerta.

Y se fue.

Esperaba con ansias que regresara otra vez. No regresó en tres días; tardó una semana. Tocó a mi puerta, salió mi mamá, entró y me dijo:

—Te habla la vecina.

Salí lo más rápido que pude. Platicamos un buen tiempo, nos despedimos y cada quien se metió a su casa. Yo estaba muy emocionado, muy entusiasmado. Pensé que, si había regresado de Estados Unidos a arreglar papeles, por algo Dios la había acercado otra vez, y empecé a soñar otra vez.

Pasó otra semana. La volví a ver al salir, y me dijo:

—Voy al pueblo otra vez.

De nuevo se fue. Pasaron unos días y no regresaba. Saqué la camioneta y me fui al pueblo que me había dicho, sin conocer, pero sabía el nombre del pueblo y el nombre de su tía. Llegué al pueblo, pregunté por la tía y la encontré. Me presenté con ella y le dije que buscaba a su sobrina.

—No está, se fue a caballo a dar la vuelta al campo con amigos y amigas —me dijo—. Va a regresar muy tarde —y me recalcó—: Ya no la busques. Ella regresa a los Estados Unidos. Pero yo tengo varias hijas; te puedo presentar a alguna.

«¿Qué?», pensé. Me regresé a Puebla, a mi casa.

Otra vez no la vi. Regresó, nos volvimos a ver, platicamos, y me dijo:

—En tres días regreso a Nueva York.

—¿Cómo? ¿Tan rápido? —le pregunté.

—Sí —me respondió. Te comenté que solo me habían dado un mes para regresar. Ya tengo mi boleto de avión. Y no te había dicho: allá dejé a una persona que me está esperando. Quedamos que, al regresar, nos iríamos a vivir juntos, a formar una pareja.

Sentí horrible, sentí desmayarme. El mundo se me estaba viniendo encima. Me decidí y le dije:

—Pero ¿no te acuerdas del beso que nos dimos? Yo siempre he estado pensando en ti. Siempre pensé que regresarías.

—Discúlpame, pero yo ya ni me acordaba. Eso fue cuando éramos casi niños. Ha pasado mucho tiempo. Yo ya he tenido varios novios, y te recalco que, donde vivo, dejé esperándome a una persona.

—Yo siempre te he estado esperando. Nunca tuve novia. Jamás mis labios volvieron a sentir otros labios. Quédate otro tiempo. Sé mi novia.

Ella se quedó sin decir nada por unos minutos. Solo me miraba. También yo solo la miraba. Yo sentí que miraba a un ángel; era muy hermosa. Mi corazón latía demasiado, sentía que reventaba.

Esperaba su respuesta. Quería que dijera: «Sí, me quedo. Quiero ser tu novia».

Por fin sus labios se abrieron para responderme:

—Mañana me voy. Mañana nos vemos para despedirnos.

Abrió su puerta y se metió. Yo me metí a mi casa. Pensarás que estaba derrotado, pero no, porque logré confesarle lo que sentía. Mañana será otro día.

No soy muy bueno para recordar fechas, pero esperaba con ansias que ya fuera mañana. Creo que no pude dormir bien esa noche, estuve pensando mucho en que al otro día nos despediríamos, eso dijo, pero yo todavía tenía esperanzas.

Desperté, me bañé. Ese día solo trabajé unas horas, quería que llegara el momento de encontrarme con ella. Llegó la hora, le fui a tocar. Al parecer ya me estaba esperando. Salió, nos encontramos afuera de su puerta.

Esperé que ella hablara, y me dijo:

—Estuve pensando mucho en lo que me dijiste ayer. Hablé con mi tío.

Su tío era el presidente donde vivía su hermana. Ese tío era una persona muy sabia, platiqué algunas veces con él después, pero déjame regresar a donde ella me daba la respuesta.

—Me dijo: «Por lo que me platicas, es un buen muchacho [yo ya tenía veintiséis años] y tú ya llevas varios años trabajando en Nueva York, ¿no te parece que sería hora de comenzar una nueva vida? Que regresaras a Puebla, que cuidaras de tu casita».

La interrumpí y le dije:

—¡Si aceptas, te quedas!

—¡No! Me regreso a Nueva York. Voy a trabajar otros años, a ver si algún día nos volvemos a ver.

Otra vez sentí que me desmayaba. Tembló todo mi cuerpo, mis labios temblaban. No sé de dónde me salieron fuerzas, pero me empezaron a salir lágrimas de los ojos. Y como pude, comencé de nuevo a hablar y dije:

—Quédate conmigo, por favor. Cásate conmigo. Te ofrezco mi amor, mi hogar, te ofrezco todo mi corazón.

Me hinqué y le dije otra vez:

—Nos casamos mañana, en la semana próxima, el día que tú quieras.

—Hoy me llevo mis maletas al pueblo, mi avión sale mañana en la madrugada. Déjame pensar estas horas, y si mañana regreso, es que me convenciste. Si no regreso, sé feliz.

Se metió a su casa y yo me quedé afuera, llorando, pensando qué pasaría mañana.

Esa tarde fue para mí una de las peores tardes de mi vida. ¿Te imaginas cómo quedé yo, esperando el mañana?

En la tarde, ya casi de noche, me subí a mi techo. Estuve a solas, viendo las estrellas, viendo el inmenso cielo. No sé cuántas horas pasaron. De repente, mi mamá me gritó:

—¡Ya baja a dormir, es muy noche!

Me bajé, me metí a mi cama y, aunque pensaras que no pude dormir, dormí muy bien. Ya había hecho todo, solo podía esperar otro «milagro», pero yo tenía mucha esperanza.

Al otro día me levanté. Ahora sí, no fui a trabajar. Tenía que esperar. Iba a ser un día algo pesado.

Esperar: minutos, horas, o tal vez esperar años. Tal vez ya no la volvería a ver.

Creo que me pasé casi todo el día saliendo y entrando, o en ratos me quedaba en la calle a ver si la veía, pero no, no la vi.

Algunas veces sentimos que amamos, otras veces sentimos que queremos y, la mayoría de las veces, solo nos gusta alguna persona.

Pensarás, por lo que te he contado, que estoy loco, porque ¿cómo es posible que, con solo un beso, a los catorce años, y un beso solo tocándose los labios, quede marcado para toda la vida por el «amor»?

Amor, bendito amor. ¿Y qué es amar? Cada persona debe tener su opinión de lo que es amar; unos piensan que amar es la entrega total, otros que amar es dedicación. Según un diccionario, amor es un sentimiento de vivo afecto e inclinación hacia una persona o cosa a la que se le desea todo lo bueno.

Según Platón, el amor consiste en que la persona que ama no va a amar la belleza simple; se va a concentrar en buscar lo bello de quien ama. El «amor platónico», por el contrario, se queda en lo físicamente bello, idealiza y cree que el amor es inalcanzable.

Yo me voy a quedar con la siguiente definición, por obvias razones: «mi fe».

«El amor es paciente, es servicial, el amor no es envidioso, no hace alarde, no se envanece, no procede con bajeza, no busca su propio interés, no se irrita, no tiene en cuenta el mal recibido, no se alegra de la injusticia, sino que se regocija con la verdad».

Bueno, ¿y qué pasó con mi amor? El día esperado «no llegó», la esperé con ansias.

Ella me dijo que, si no regresaba, nos veríamos en algunos años.

Ese día yo estaba muy triste, pensé que la había convencido, pero al parecer no.

Al día siguiente, otro día más... volver al trabajo, seguir siendo un buen muchacho, trabajar, hacer deporte, vivir en familia. Me preparé para ir a trabajar, abrí el zaguán, saqué la camioneta, volví a cerrar el zaguán. Ya me iba, cuando la vi entrar a su casa.

Otra vez mi corazón latió con fuerzas. Me bajé de la camioneta y corrí hacia ella. Me dijo:

—Espérame, acabo de llegar del pueblo.

La esperé que volviera a salir, me abrió la puerta y me dijo:

—Pasa.

Sentí cómo otra vez temblaba todo mi cuerpo, esperaba su respuesta. Comenzó a hablar, yo solo escuchaba y me dijo lo siguiente:

—Estuve pensando mucho, volví a platicar con mi tío y he tomado una decisión. No te amo, no siento nada por ti. Han pasado muchos años de cuando éramos casi unos niños, pero voy a probar. Me caso contigo.

Continuó hablando y yo solo escuchaba:

—Me quedo unos meses, pero si no funciona, pase lo que pase, me regreso a Nueva York.

Yo me quedé pasmado, petrificado, congelado. Seguí sin poder hablar, pero ahora sí, le tomé las manos, la besé... o me besó, no sé. Ese ya fue un beso más ardiente, ya éramos adultos los dos.

No supe cuánto duró el beso, para mí fue mucho tiempo; tal vez solo tardó segundos, pero para mí fueron horas. Sin soltar las manos, le dije:

—¡No te preocupes! Voy a lograr, algún día, que me ames más de lo que yo te amo a ti.

Y verás más adelante si lo logré o no. Yo pienso que sí, pero me gustaría que tú, que estás leyendo estas palabras, lo juzgues.

Capítulo VIII

Más señales de Dios

¿Qué son señales de Dios?

Primero, hay que definir qué es una señal.

Según la Real Academia, señal se define como:

> Rasgo o nota que se pone o hay en las cosas para darlas a conocer y distinguirlas de otras.

Otro significado de señal: *una señal es un signo, un gesto u otro tipo de informe o aviso de algo.* La señal sustituye, por lo tanto, a la palabra escrita o al lenguaje. Ellas obedecen a convenciones, por lo que son fácilmente interpretadas.

¿Qué dice la Biblia sobre las señales o signos?

Dios se comunica directamente con la gente, «muchas veces y de muchas maneras» (Hebreos 1:1). Por ejemplo, el Antiguo Testamento registra a Dios hablando entre la zarza ardiente (Éxodo 3), en una densa nube (Éxodo 19:9) y en un suave murmullo (1 Reyes 19:12).

¿Cómo se manifiesta Dios a nosotros?

Por medio de su Hijo Unigénito: Jesús. Ahora reflexionemos, ¿cómo se manifiesta Jesús a nosotros? Claramente, a través de su Palabra. Por eso nos dejó Su Santo Espíritu, para que, cuando leamos la Biblia, su mensaje sea revelado y entendamos lo que Dios quiere decirnos, lo que dejó escrito, pero, sobre todo, para obedecer su palabra.

Continuemos con mi historia. Nos casamos por civil y empezamos a tener unos hermosos hijos. Tuvimos tres robustos varones y una niña muy hermosa. Yo traté siempre de consentirla, de respetarla, amarla, era mi sueño hecho realidad.

Dicen que detrás de un hombre hay una gran mujer. Yo diría, respetando otras opiniones, claro, que ¡un hombre difícilmente puede vivir sin una mujer! Para mí, la mujer lo es todo: esposa, mamá, hermana, amiga, amante, médico de la casa, etc... hasta criada y sin sueldo.

A los siete años, nos casamos por la Iglesia. Fue algo muy hermoso verla con su vestido de novia. Creo que es una ilusión para muchas mujeres. Estábamos a la entrada de la iglesia, el sacerdote salió a recibirnos, nos empezó a hablar, no recuerdo exactamente qué nos dijo. Toda la ceremonia fue muy hermosa, pero lo que me dejó impactado fue lo que me pasó a la entrada, cuando el sacerdote nos arrojó agua bendita. Sentí algo muy extraño, sentí como si un rayo me cayera en la cabeza, vi una luz, mi cuerpo tembló.

No sé si la gente se daría cuenta, pero yo sentí muy real todo. Solo fue un instante, y proseguimos con lo demás. Todo fue bonito: la familia, los amigos, el baile, la comida, etc... ¡Ufff, qué cansado!

Así continuamos nuestra vida. Tuvimos altas y bajas, días felices, días no tan felices, como en toda pareja, creo.

Algunas personas dicen que Dios te pone pruebas. Yo diría que uno mismo, con ayuda de otras personas, nos hacemos esas pruebas.

Los niños fueron creciendo, se hicieron jóvenes, mi esposa y yo fuimos madurando como esposos, como padres, nos fuimos acercando un poco más a Dios. Yo sentía que cada año que pasaba éramos más felices, compartíamos todo en pareja: la religión, los gastos, el súper, la educación de los hijos, todo lo hacíamos en familia. Ahora teníamos un negocio propio. Yo me esforzaba por darles lo mejor a nuestra familia, y ella, todo el tiempo, era súper dedicada a nosotros y al hogar. Tal vez no éramos una familia de diez, pero de nueve sí. Crecíamos juntos, tomados de la mano de Dios.

Así pasaron los años. Teníamos dieciocho años viviendo felizmente casados. Todo era muy hermoso.

Ahora sí recuerdo la fecha: el 15 de noviembre del 2008 (un día sábado), un día normal. Me fui a trabajar, salí en mi motocicleta, tenía un mes que la había comprado. Eran alrededor de las tres de la tarde; había tráfico. Yo iba atrás de un coche, y en mi espejo vi muy atrás venir un tráiler. Como todos íbamos muy despacio, el tráiler tenía que venir despacio, pero ¿qué crees? El tráiler venía veloz, se había pasado el alto del semáforo, bueno, eso fue lo que me comentaron después.

No sentí el impacto, solo me dijeron que no se detuvo. Me dio en la parte trasera, me aventó contra el coche que tenía delante. Rompí el parabrisas trasero del coche con la cabeza. Lo bueno fue que traía buen casco. Reboté, caí debajo del tráiler. El chofer aceleró más, quería terminar con mi vida. Mi motocicleta se incrustó en las llantas. Me comentaron que, como pude, salí de debajo del tráiler. Intenté levantarme, pero caí otra vez. La gente se aglomeró, quisieron detener al chofer del tráiler, pero sacó un revólver y comenzó a disparar. La gente tuvo que apartarse. El chofer se fugó hacia las barrancas, nadie lo pudo detener.

Una joven de la hilera de carros que había, se bajó de su coche, me vio y se quedó animándome hasta que llegó la ambulancia (yo diría que un ángel que Dios me mandó). Me llevaron al hospital de ortopedia del IMSS, me metieron a un lugar que se llama primer choque.

Para ese lapso de tiempo ya se habían enterado toda mi familia: mi esposa, mis hijos, mi mamá, mis hermanos, mi papá. Ya te imaginarás cómo estaba mi esposa, cómo estaba mi mamá. Todos estaban destrozados por la pena que pasaban por mí, pero en realidad el destrozado era yo.

Sufrí fractura de fémur en la pierna izquierda en tres partes, tuvieron que quitarme una parte de intestino, vaso destrozado (también tuvieron que quitarlo), riñón derecho muy lastimado por el golpe, cadera dislocada del lado derecho. Por los golpes tan fuertes en la cabeza, entré en coma. Yo en cama y mi familia llorando por mí afuera del hospital, pasando frío, hambres, porque al pasar el tiempo me enteré que mi mamá y mi esposa casi no probaban un bocado. Fueron nueve días en coma, pesados para mi familia, porque un día les decían que fallaba el corazón, otro día fallaban los pulmones, otro día los pulsos vitales eran muy débiles, pero yo no sentía nada.

Un día, mi hermano menor le dijo a mi esposa:

—Vamos a ver al Señor de las Maravillas —Fueron, y le dijo mi esposa estas palabras:

—Señor, venimos humildemente a pedirte, con la mente, con el corazón, con todos nuestros buenos deseos. Sana a mi esposo, cúrale todas las heridas, quítale todos sus dolores, pero si no quieres curarlo, ya no lo hagas sufrir, mejor llévatelo.

Esto me lo contó después de un tiempo. Te imaginarás cómo le habló al Señor. Yo creo que, llorando, sufriendo, con todos los sentimientos que le salen a una buena mujer desde el corazón.

Cuando una persona le habla a Dios Nuestro Señor sencillamente y con mucho sentimiento, el Señor te escucha, y te da resultados. Tal vez no los que tú quieras, pero Él te escucha y hará lo que es bueno para ti.

Me internaron el sábado, y a la siguiente semana, llegó mi párroco en la noche a ponerme los santos óleos. Al siguiente día, se celebró en mi capilla a Cristo Rey, su fiesta anual. En la celebración principal, el párroco le dijo a toda la asamblea:

—Sigamos orando por nuestro hermano Juan, porque él ya está mejor, ya ha salido del coma.

Pero ¿cómo sabía eso? Si en la noche que fue a verme, yo seguía inconsciente.

Bueno, la celebración empezó a las diez de la mañana. Yo desperté (salí del coma) más o menos como a las diez y treinta. Por fin desperté de un sueño profundo, pero venían días muy difíciles.

Cuando desperté, ya tenía colostomía, me habían colocado un cuadro pélvico, me habían metido una barra de titanio en el fémur con tres tornillos a lo largo de la pierna, sonda en el pene, hablaba y no me salía sonido. Me dijeron que, al estar entubado, me lastimé las cuerdas vocales.

Pero estaba vivo, estaba consciente, había pasado el peligro. Bueno, eso decían los médicos, eso pensábamos todos.

Capítulo IX

Fe o locura

¿Qué es fe?

Según la Real Academia: *creencia en algo de lo que no se tienen pruebas.*

Otras definiciones:

1. Conjunto de creencias de alguien, de un grupo o de una multitud de personas.
2. Confianza, buen concepto que se tiene de alguien o de algo.

Fe según la Biblia:

El apóstol Pablo enseñó que la fe es: *la certeza de lo que se espera, la convicción de lo que no se ve* (Hebreos 11:1).

¿Qué es locura?

Según el diccionario: *privación del juicio o del uso de razón.*

En un sentido general, la locura se relaciona con un comportamiento o pensamiento que se aleja mucho de lo que se considera normal o racional en una sociedad determinada. Esto puede manifestarse en síntomas como alucinaciones, delirios, comportamientos desorganizados o cambios extremos de humor.

¿Qué significa la palabra locura bíblicamente?

Frente al reino de Dios, presente en la persona de Cristo, la locura consiste no solo en la impiedad que rechaza la ley de Dios, sino también en una sabiduría que se cierra a su gracia.

La palabra loco en la Biblia:

La palabra griega traducida como «loco» significa, en este contexto, estar fuera de sí, desequilibrado, demente. Debido a su celo por la verdad y su constante impulso de vivir para el Señor y llevar el Evangelio a los perdidos, se consideraba que el apóstol Pablo estaba loco.

Según lo que he escuchado: «Dicen que si hablas con Dios eres un hombre de fe, pero si dices que Dios te habla, eres un loco».

Un día ya me había pasado a piso, o sea, ya me habían dado mi cuarto, ya estaba mejor. Pues no. De repente, comencé a vomitar mucho, casi me ahogaba con mi vómito. Llamaron a mi médico, me checó rápido y dijo:

—Lo que tienes es muy grave. Tenemos que volver a abrir el estómago para ver lo que está ocasionando esto.

Eso le dijo a mi esposa, ella le dijo:

—Hable con él, está consciente.

Mi médico me dijo:

—Estás muy grave, tengo que volver a operarte, pero como ya te hemos sedado, si lo vuelvo a hacer es muy riesgoso. Si no te opero, te mueres. Si te opero, hay un noventa por ciento de que mueras. Tú decides qué hago.

—Opéreme.

Mi cirujano tomó mis manos y me dijo:

—Que Cristo guíe mis manos para que haga el mejor trabajo en ti.

Me llevaron al quirófano, me prepararon. Vi cómo me subían a la plancha donde me iban a operar, vi muchas luces, me pusieron suero, medicamento, y de repente ya no sentía nada.

A los pocos segundos, diría yo, o minutos, no sé qué tiempo exactamente, escuché una voz que me habló, una voz de mujer, una voz muy hermosa. Dijo mi nombre tres veces. En la tercera le dije:

—¿Sí? ¿Quién eres?

—No te asustes, soy María, la madre de Dios —me dijo—. ¿Quieres ser santo?

—¿Qué tengo que hacer? —le respondí.

—Quedarte aquí —me respondió.

—¿Cómo?

—¿Quieres ser santo? No despiertes.

—¡No! —le respondí rápido—. ¡A mí me gusta vivir, quiero vivir!

No sé qué tiempo pasó, y de repente me desperté.

Ya estaba mejor, todo el peligro había pasado, había sido una cirugía exitosa. Pasaron otros días y me dijo mi cirujano:

—Ya hicimos todo lo mejor que se ha podido en ti. Te voy a dar de alta.

Estaba emocionado, ya iba a salir del hospital. Pensé que ese mismo día saldría, pero no. Como me iban a sacar del hospital en ambulancia, tardaron tres días. Pero por fin, el 8 de diciembre del 2008, salí del hospital de ortopedia del IMSS. Me sacaron en camilla, me subieron a la ambulancia y me llevaron a mi casa. Había fiesta a la vuelta de mi casa, y como no iba a haber fiesta... El ocho de diciembre, aquí en México, celebramos la Inmaculada Concepción de la Virgen María.

Mis hijos me recibieron muy bonito en mi casa, pusieron adornos de bienvenida. Qué felicidad volver a estar en casa con mi familia, con los seres que uno ama.

Pensarás que ya terminaron mis encuentros con ese ser supremo (milagros o señales). Pues no, Él actúa siempre. Hay veces que no te das cuenta, pero siempre está actuando. Bueno, si tú lo aceptas, lo maravilloso es que no tienes que hacer mucho: solo abandonarte, ponerte en sus manos y dejar que Él actúe.

Ya estando en casa, en una cama sola, porque por la colostomía, la sonda y el cuadro pélvico, no podía nadie acostarse junto a mí, me acondicionaron en el cuarto de la entrada, donde era nuestra salita, porque allí había puerta al patio y muy cerquita el zaguán para que la ambulancia fuera por mí y llevarme a curaciones, primero terciado, después cada ocho días.

El primer mes me tocó consultar a mi ortopedista. Me checó muy bien y dijo:

—Como ustedes lo han visto, los daños fueron muy graves. Afortunadamente está vivo. Ya revisé tu pierna izquierda (es donde tuve tres fracturas, me colocaron una barra de titanio con tres tornillos a lo largo). Los tendones de tus dos piernas se estropearon, no tienes movilidad. ¡No vas a volver a caminar!

Dirás tú, en ese instante lloré, grité, pero no. Recuerdo perfectamente que dibujé una sonrisa en mi rostro y por dentro me dije: «Eso es lo que tú piensas, pero falta lo que diga Dios». Nos despedimos, me sacó mi esposa en la camilla, fuimos a esperar la ambulancia y regresamos a casa.

Mi mamita, como persona humilde y originaria de un pueblecito de la ciudad de Tlaxcala, sabía un poquito de hierbas curativas. Le dijo a mi esposa que comprara dos tipos de hierbas: árnica y romero. Las ponía a hervir con mucha agua, con esa agua me bañaban en la cama cada tercer día. Hacían una fuente pasándome plásticos gruesos. Mientras me bañaban, mi esposa y mis hermanas, mi mamita, con un trapo de algodón mojado con esa agua, lo más caliente que soportara yo, me colocaba fomentos en las rodillas principalmente, pero también hacia abajo hasta llegar a los pies.

Te imaginarás el trabajo que tenían, la paciencia, y sobre todo el amor para cuidarme y hacerme terciado estas curaciones, mi mamita y mi esposa.

Llegó el segundo mes, llegó el día de consulta con mi ortopedista. Siempre acostado en una posición, llegó la ambulancia para llevarme. Me daban preferencia para entrar a consulta. Entramos, nos saludó mi ortopedista, me empezó a checar, me movió los dedos de mi pie izquierdo y me dijo:

—Mueve los dedos solo.

Yo los moví muy bien. Me dijo:

—Mueve tu pie.

Y lo moví poquito. A continuación, me dijo:

—Voy a flexionar tu rodilla algo fuerte, te va a doler, pero quiero revisar cómo está.

Me flexionó, tronó, y grité de dolor. Se sentó en su escritorio y nos dijo:

—¿Están haciendo algo a su pierna izquierda?

Le comentó mi esposa lo que me hacían (lo del agua caliente de romero y árnica), y dijo:

—Sigan haciendo eso por tiempo indefinido.

Salimos del consultorio y otra vez a esperar la ambulancia para regresar a casa.

Pasaron días, semanas, meses. Yo acostado moviendo solamente la cabeza. Fueron varios meses en cama. Se me pasaron rápido con la atención excelente que tenía mi esposa para conmigo. Como a los siete meses, en mi consulta, mi ortopedista le dijo a mi esposa:

—Van a levantarlo de la cama con cuidado y lo van a pasar por ratos a silla de ruedas.

Era cansadísimo estar en esa silla. Pasé un mes así. Al siguiente mes, mi ortopedista dijo:

—Ahora es el momento. Lo van a levantar entre toda la familia, esposa e hijos (mis tres hijos y mi nena), pero no lo suelten, porque si lo sueltan, se cae.

Así lo hicieron. Poco a poco me levantaron, mis hijos me sostenían, mi nena me movía primero un pie y luego el otro. Mi esposa observaba que no me soltaran. Solo me tuvieron unos minutos así, era muy cansado para ellos, pero eran buenos ejercicios. Se sentía muy rico estar parado, aunque sea por unos minutos, después de meses de no hacerlo.

Esos ejercicios me hacían diario. Después de una semana, me compraron una andadera. Ya me podía sostener solito, ¡qué alegría! Empecé a dar pasitos muy pequeños, empujando la andadera, siempre supervisado por mi esposa o por uno de mis hijos.

En la segunda semana con la andadera, me dijeron: «Hoy es el día». Me pusieron mi andadera y empecé a dar pasitos. El patio era aproximadamente de trece metros de largo. Me tardé más o menos como media hora en recorrer esos trece metros. Fue muy difícil, pero muy emocionante poder volver a caminar solito, bueno, ayudado por una andadera. Día con día trataba de ir más rápido.

En este tiempo, mi cirujano me dijo:

—Es tiempo de quitarte la colostomía y reconectar.

Otra vez a internarme para otra cirugía, pero ahora ya muy consciente de todo. Me tuvieron trece días en ayunas y con enemas cada seis horas. Qué doloroso, a veces hasta me sangraban el recto, pero era necesario para que el intestino vuelva a pegar. El recto debe estar muy, pero muy limpio. La cirugía fue todo un éxito, muy dolorosa también. Al día siguiente de la cirugía, se siente como si te hubieran dado muchos golpes en el estómago, pero qué felicidad, ya no usar colostomía.

Me dieron de alta rápido. Tres días después de la cirugía, ya salí caminando por mi cuenta, claro, con la andadera. En la siguiente semana, me tocó consulta con mi ortopedista. Me dijo:

—Hasta aquí llegamos contigo, estás dado de alta. Usarás bastón de por vida, nunca lo dejes.

¡Estoy dado de alta! ¡Estoy sano! No más hospital, no más tratamientos.

Capítulo X

Los días más tristes

Pero ¿qué es la tristeza?

Según la Real Academia Española: cualidad de triste.

No, pues esta definición no me convence, te voy a dar otra definición.

Se define como un estado anímico producido por un suceso desfavorable que suele manifestarse con pesimismo, insatisfacción y tendencia al llanto; es la emoción básica opuesta a la alegría. Activa el proceso psicológico que nos permite superar pérdidas, desilusiones o fracasos.

La tristeza según la Biblia:

> La tristeza que viene de Dios lleva al arrepentimiento y realiza una obra de salvación que no se perderá. Por el contrario, la tristeza que inspira al mundo provoca muerte. 2 CORINTIOS 7:10

> Arranquen de raíz de entre ustedes disgustos, arrebatos, enojos, gritos, ofensas y toda clase de maldad. Efesios 4:31

Recordarás en el capítulo anterior que me habían dado de alta usando bastón de por vida. Un día, no sé por qué, pero se me olvidó tomar mi bastón. Me di cuenta de que caminaba mejor sin él, ya no cojeaba, bueno, un poquito, caminaba un poco más rápido. Lo dejé. Ya no lo volví a usar. Estaba completamente sano. Ya todo volvía a ser hermoso.

En todo este tiempo del accidente, las cirugías, la recuperación, mi esposa estuvo bajando de peso. Pensamos que era normal por tanto desgaste en atenderme, atender la casa, los hijos, etc. Pero no, a los pocos meses de haberme recuperado, ella (mi esposa) empezó a sentirse mal. Fuimos a un médico particular, la checó, nos hizo muchas preguntas y nos dijo:

—Le voy a mandar a hacer un estudio, pero es algo caro.

En ese tiempo, apenas empezaba a trabajar, solo solventamos los gastos más necesarios. Fuimos a un hospital de mucho prestigio, allí nos mandó el médico. Era muy, pero muy caro el estudio. Fuimos al hospital universitario, donde bajaba casi a la mitad, pero aun así, era muy caro. Pedí dinero prestado, le hicieron el estudio. Me mandaron llamar y me metieron donde estaba ella. El encargado de esos estudios me dijo:

—Debes conseguir algún tipo de seguro médico. Tu esposa tiene algo muy grave, tiene cáncer en el estómago. Tiene un tumor que conocemos como el más agresivo que existe. Tienen que atenderla de inmediato.

Si teníamos seguro, al siguiente día nos fuimos al IMSS. Les llevé los estudios que me dieron, los checaron y me dijeron que se tenía que quedar internada de inmediato para agilizar muchos estudios. Se quedó internada y le hicieron los estudios necesarios. Eso tardó quince días. En esos días no se sentía ni se veía tan mal.

Un día subió el especialista y le dijo:

—Efectivamente tienes cáncer. Vamos a darte quimioterapias. Ahorita van a bajar a apartar tu cita, para que cuanto antes comiencen.

Bajé, esperé como una hora para que me atendieran. En ese lapso de tiempo, se quedó cuidándola su hermana. Cuando iba a subir al elevador, ya me estaba esperando. Me dijo:

—Sube rápido, está llorando.

Subí rápido, le pregunté qué le pasaba. Me dijo:

—Vino una persona y me dijo que ya no me hiciera las quimioterapias, que ya no tiene caso, que yo ya no tengo alivio.

Lloraba muy feo, gritaba:

—¡Ya estoy muerta! ¡Sácame, llévame a casa!

Tuvo que subir el especialista para calmarla.

Nunca supimos quién subió a decirle eso, pero desde ese momento, ella ya no quería vivir. Desde ese momento, ella empeoró, ya casi no comía, solo se la pasaba acostada. Empezó a sentir dolores muy intensos. Le ponían medicamentos muy fuertes, pero ni con eso se le calmaban los dolores. Pasó un mes, y ahora sí se agravó, la tuvimos que internar otra vez. La atendieron lo mejor posible en la clínica. A las dos semanas de estar internada, fue la enfermera en turno, como siempre, a tomarle los signos vitales. Me dijo:

—Casi no marcan los aparatos.

Le pusieron una lámpara para darle calor, la cubrieron con un sarape, le tomaba los signos cada quince minutos. Alrededor de las 7 p. m., llamó a varios médicos. Me dijeron:

—Tenemos que entubar a su esposa, ¿nos da la autorización?

Les respondí que sí, firmé para que la entubaran. Trajeron los aparatos, le empezaron a colocar el tubo, me sacaron del cuarto. No tardaron en llamarme, me dijeron:

—Lo sentimos, hicimos todo.

¡Había fallecido!

Había terminado su sufrimiento. Sentí un dolor en el corazón, sentí que se me nublaba todo, sentí que mi vida también terminaba. Y es verdad, parte de mi vida se había quedado en ese cuarto de hospital: la mujer que me había dado mi primer beso, la mujer que me dio a mis hermosos y adorados hijos, la mujer que me hizo muy feliz, la mujer con la que aprendí, la mujer que me enseñó a ser esposo, a ser papá, a ser novio, a ser amigo, esa mujer con la que yo soñaba, esa mujer con la que yo cantaba, esa mujer con la que aprendí a amar la vida, esa mujer con la que aprendí a sobrellevar las enfermedades, esa mujer que me amó hasta dar la vida por mí, esa mujer que Dios me dio, para amar, respetar y formar una familia hermosa… esa mujer me había dejado.

En lo que le quitaban los aparatos y hacían papeleo, yo estuve en un pasillo llorando a solas. No supe qué tiempo pasó. Una señorita se me acercó y me pidió que fuera al escritorio, tenía que iniciar trámites para que me dieran el cuerpo.

Me pidieron salir a buscar funeraria, para todo hay que contar con dinero. Revisé mi cartera, y solo llevaba quinientos pesos. Le hablé a mi hijo mayor y le dije lo que había pasado. Esperé un momento, le pregunté si tenía dinero, me dijo:

—No tengo, papá.

Si recuerdas, páginas atrás, tenía poco que comencé a trabajar, solo íbamos sacando para la comida. Salí a la calle, fui a la funeraria más cercana, pregunté los costos, elegí un equipo que me salía en nueve mil pesos. Me dijo el de la funeraria:

—No se preocupe, ahorita me firma. Nosotros hacemos todos los trámites, y me liquida el día que partamos hacia el sepelio.

Yo pensé, «bueno, Dios proveerá». Ya estaba arreglado, me regresé al hospital a esperar. Había pasado como una hora, fue a verme el de la funeraria, me dijo:

—Señor, hay un problemita.

—¿Qué pasa?

—El costo del equipo aumentó a trece mil pesos.

—¿Cómo? —me sobresalté y le dije—: ¿Tan rápido? No, ya habíamos hecho un contrato.

—Sí, señor, pero la señora que está parada allí nos fue a ver y nos dijo que la caja no le gustaba para su nuera, que quería otra mejor.

Mi mamita… pues ya ni modo… Dios proveerá. Ahora a esperar que me entreguen el cuerpo. Alrededor de la una de la mañana me lo entregaron, a descansar un rato, y al otro día a arreglar papeles para el panteón, el velorio.

Al regresar de arreglar documentos, esperar familiares que te dan el pésame, seguir llorando, en la noche el velorio, como se acostumbra en la familia. Al otro día, el sepelio. Antes de salir al sepelio, vinieron los de la escuela primaria a hacerle un pequeño homenaje. Vino la directora, los maestros y todos los niños. Qué bonito homenaje, sencillo, pero muy emotivo.

Partida hacia el panteón, regreso a casa, diarios los rosarios, los familiares y conocidos que van, el pan, el café o el atole. Terminé el novenario, les dije a mis hijos:

—Vamos a ver cómo quedamos en dinero.

Capítulo XI

Días de soledad

Según la Real Academia: condición de solo o carente de compañía. El ermitaño vive en completa soledad.

El Oxford English Dictionary define la soledad como la calidad o condición de estar solitario; la necesidad de la sociedad o la compañía; el sentimiento de estar solo; el sentido de soledad; o el desaliento que surge de la necesidad de compañía.

¿Qué dice la Biblia sobre la soledad?

> Yahvé irá delante de ti. Él estará contigo; no te dejará ni te abandonará. No temas, pues, ni te desanimes.
> DEUTERONOMIO 31:8

> No temas, pues yo estoy contigo; no mires con desconfianza, pues yo soy tu Dios. Yo te he dado fuerzas, he sido tu auxilio, y con mi diestra victoriosa te he sostenido.
> ISAÍAS 41:10

Recuerda que, en el capítulo anterior, cuando falleció la mamá de mis hijos, solo contaba con 500 pesos. Pues hubo muchos gastos. Calculé que gasté como 35 000 pesos, aparte lo que me ayudó mi mamita, lo que me ayudaron hermanos y familiares, y me sobraron casi 10 000 pesos. Dirás, ¿de dónde salió lo demás? Pero cuando confías en Dios, todo se soluciona.

Busca primero el Reino de Dios y su justicia, y todo se te dará por añadidura. Mateo 6:33

Pero ahora vienen los momentos difíciles. Cuando fallece alguien, llega mucha gente a darte el pésame. Todo el novenario estás rodeado de mucha gente. Terminando el novenario, te quedas solo, o eso es lo que sientes o piensas. Eso es lo que me pasó a mí. Casi un mes no quería comer, no salía de mi cuarto, solo para bañarme e ir al baño. Me sentía morir, sentía que ya todo había terminado.

Esos son los momentos difíciles que uno debe vencer, o te dejas vencer. Fueron momentos, días, semanas muy difíciles, pero otra vez recuerdas que el amor de Dios es infinito y que siempre estará contigo. Están mis hijos, está mi nena que me necesitan; hay que salir adelante, pero ahora sin tu pareja, sin el amor de tu vida. Los días se vuelven difíciles: desayunar a solas, trabajar, dormir a solas, se siente muy feo.

Tardé más o menos dos años para asimilar lo que había pasado. Después de esos dos años, ya podía hablar de esa rosa que me había tocado cuidar, sin llorar. Mis hijos ya se habían independizado, solo me quedaba mi niña, solos ella y yo. Y digo mi niña porque para mí siempre será eso, mi niña.

Mi nena un día también se fue, y ahora sí quedé totalmente solo, otra vez a llorar en soledad. Pero debes comprender y aceptar que los hijos se van, que Dios te los presta, y que en un tiempo ellos formarán su propia familia. Y ahora debes orar para que ellos y su familia estén bien, y que Dios esté siempre con ellos, o mejor dicho, ellos estén siempre con Dios.

Dirás: «¿Así termina tu libro? ¿Así termina tu vida? ¿Así termina tu historia?» ¡Pues no! Esta es la mitad de mi vida o de mi historia, o tal vez la cuarta parte, o tal vez solo un momento de mi vida.

Porque después vinieron días, años, muy hermosos. Cosas y tiempos que nunca creí vivir, cosas que nunca creí o pensé hacer. Se secó mi rosa, pero me dieron ahora a cuidar una flor de una especie muy rara, pero muy hermosa por dentro y por fuera. Una flor como nunca creí conocer, una flor con mucho talento, con mucho carácter, pero a la vez, tierna, delicada, sutil.

Pero no te cuento más, eso será otra historia, u otra vida, u otra parte de mi vida.

EDIQUID

www.ingramcontent.com/pod-product-compliance
Lightning Source LLC
Chambersburg PA
CBHW060506160726
47992CB00003B/1356